GUÍA DE LECTURA

Escrita por Claire Cornillon
Traducida por Marta Sánchez Hidalgo

Frankenstein

de Mary Shelley

Entiende fácilmente la literatura con

ResumenExpress.com

www.resumenexpress.com

MARY SHELLEY

NOVELISTA, ESCRITORA DE NOVELAS CORTAS, DRAMATURGA, ENSAYISTA Y BIÓGRAFA INGLESA

- **Nacida en 1797 en Londres (Reino Unido)**
- **Fallecida en 1851 en la misma ciudad**
- **Algunas de sus obras**
  - *Frankenstein* (1818), novela
  - *El último hombre* (1823), novela
  - *Caminatas en Alemania e Italia* (1844), libro de viajes

Mary Shelley nace en Inglaterra en 1797 y muere en 1851. Escribe novelas cortas, ensayos y libros de viajes, pero su obra más conocida es su primera novela: *Frankenstein* (1818). Como una mujer de letras, frecuenta a los intelectuales de la época. Es la esposa del poeta romántico Percy Shelley (1792-1822).

FRANKENSTEIN

UNA REFLEXIÓN SOBRE EL ORIGEN DEL MAL

- **Género:** novela
- **Edición de referencia:** Shelley, Mary. 2008. *Frankenstein o el moderno Prometeo*. Traducido por Francisco Torres Oliver. Madrid: Austral Narrativa
- **Primera edición:** 1818
- **Temáticas:** ciencia, creación, experiencias, monstruo, sobrenatural, orgullo

Mary y Percy Shelley, lord Byron y el doctor Polidori pasan el verano de 1816 en un pueblo cerca del lago Lemán y deciden que cada uno escriba una historia fantástica: así Mary tuvo la idea de *Frankenstein o el moderno Prometeo*.

Publica la novela en 1818 y cuenta cómo el joven Frankenstein logra descubrir el secreto de la vida y crear un ser al que consigue dar vida. Todos rechazan a la criatura, incluido su creador. La obra plantea la cuestión de los límites de la ciencia y de los peligros que corre el hombre al querer resolver los misterios de la naturaleza.

RESUMEN

CARTAS DE WALTON

Robert Walton escribe a su hermana, la señora Saville, para contarle las etapas de su viaje: primero en San Petersburgo y luego en Arcángel (Rusia). Se dirige al Polo en barco. Con su tripulación ha encontrado a un hombre muy enfermo por el frío y lo ha socorrido. Éste está buscando a un hombre que huye de él, le cuenta la historia a Walton y éste la transcribe.

EL RELATO DE VÍCTOR FRANKENSTEIN

Víctor Frankenstein empieza su relato de esta forma: «Soy ginebro de nacimiento, y mi familia es una de las más distinguidas de esa república» (Shelley 2008, cap. I). Sus padres recogen a una niña, Elizabeth, y la adoptan. Cae enferma de escarlatina, pero sobrevive. En cambio, como la madre de Víctor cuidaba a Elizabeth, se contagia también de la fiebre y muere.

Víctor se marcha a estudiar fuera. Le apasiona el misterio de la vida y consigue, tras numerosas investigaciones, resolverlo: «Tras días y noches de increíble trabajo y fatiga, logré averiguar la causa de la generación y la vida; y más aún, conseguí dotar de animación a la materia inerte» (Shelley 2008, cap. IV). Trabaja en la creación de un ser vivo. Cuando la criatura se despierta, Víctor Frankenstein, huye aterrado. El despertar de la criatura lo traumatiza, sufre una fiebre nerviosa y permanece en cama dos meses. Su amigo Henry Clerval lo cuida.

Frankenstein se entera por una carta de su padre de que su hermano pequeño, William, ha sido asesinado. Por ello vuelve a casa con su familia. Acusan a Justine Morritz, una amiga de la familia, del asesinato, pero Frankenstein cree haber distinguido a su criatura en los parajes y deduce que él es el verdadero culpable. Juzgan, condenan y ejecutan a Justine. Frankenstein no interviene y le abruma el sentimiento de culpabilidad.

Entonces viaja a los Alpes donde se topa por primera vez con su criatura, con la que intercambia algunas palabras. La criatura le cuenta lo que le ha ocurrido: ha tenido que esconderse porque todos los hombres la rechazaban por su fealdad y por el miedo que inspiraba en todos los que conocía. «No había entre los miles y miles de hombres existentes, ninguno que me ayudase o se apiadase de mí; ¿y debía sentir yo amabilidad hacia mis enemigos? No; desde aquel instante, declaré la guerra eterna a la especie; y sobre todo, a aquel que me había formado para hundirme en esta insoportable desventura» (Shelley 2008, cap. XVI), piensa la criatura. La criatura le pide a Frankenstein que le haga una compañera a susemejanza, y él acepta.

Víctor y Elizabeth van a casarse, pero antes Víctor va a Inglaterra con Clerval para recabar información con el fin de llevar a cabo su tarea. Sin embargo, Frankenstein decide al final no crear la segunda criatura, aterrorizado por las posibles consecuencias de este acto. Regresa en barco y llega a Irlanda. Una vez allí, se le acusa de asesinato y descubre con horror que su amigo Clerval ha sido asesinado. Al enterarse de esta muerte, sufre dos meses de fiebre y delirio. Se le declara inocente. Su padre va a buscarlo y parten juntos.

La boda se acerca. Sin embargo, la criatura amenaza a Frankenstein cuando éste se niega a crearle una compañera: «Esta carta resucitó en mi memoria algo que había olvidado, la amenaza del demonio: ¡Estaré contigo en tu noche de bodas!» (Shelley 2008, cap. XXII). Aun así, Elizabeth y Víctor se casan y se van al lago de Como, pero Elizabeth es asesinada. Cuando vuelve a Ginebra, Víctor decide ir en busca de la criatura para destruirla. Emprende una búsqueda por todo el mundo que lo conduce finalmente al Polo Norte, donde conoce a Walton.

VUELTA A LAS CARTAS DE WALTON

Cuando Walton y su tripulación deciden volver a Inglaterra, Frankenstein muere extenuado por la persecución. La criatura aparece poco después a su lado y explica a Walton que su camino ha terminado, puesto que su creador ha muerto. Huye después de anunciar que va a suicidarse.

ESTUDIO DE LOS PERSONAJES

VÍCTOR FRANKENSTEIN

Víctor Frankenstein nace en Ginebra en una familia acomodada. Desde niño le apasionan los misterios del mundo y de forma autodidacta intenta resolverlos. En la Universidad, descubre la ciencia de su época y, fascinado, retoma sus investigaciones. Quiere comprender el secreto de la vida y lo consigue. En su relato su curiosidad se opone a la actitud contemplativa de Elizabeth, la mujer que ama:

> «Mientras mi compañera contemplaba con espíritu grave y satisfecho la magnífica apariencia de las cosas, yo disfrutaba investigando sus causas. El mundo era para mí un secreto que deseaba desentrañar. Entre las primeras sensaciones de que tengo recuerdo, están la curiosidad, la investigación seria de las leyes ocultas de la naturaleza y un gozo rayano en el éxtasis cuando se me revelaban» (Shelley 2008, cap. II).

Frankenstein es un personaje ambivalente que a ojos de los demás es fascinante, pero cuyo orgullo y curiosidad rayan en la locura. Walton lo describe de esta forma en su carta:

> «Jamás he visto criatura más interesante: sus ojos tienen generalmente una expresión de fiereza, incluso de locura; pero hay momentos en que si alguien tiene un gesto de amabilidad con él o le rinde el más pequeño servicio, se le ilumina el semblante, por así decir, con un resplandor de bondad y de dulzura como jamás he visto. Pero por lo general, se le ve melancólico y desesperado, y a veces rechina los dientes, como impaciente por el peso de las aflicciones que le ago-

bian» (Shelley 2008, carta cuarta).

Este hombre brillante abandona a su criatura que acaba de nacer. Su cobardía y su incapacidad de asumir las consecuencias de sus actos (ejecutan a Justine por su silencio) lo llevan al abismo de la culpabilidad. Descubre con horror que ha abierto la caja de Pandora: «¡Ay! ¡Yo, yo había soltado al mundo a un miserable depravado que se complacía en el sufrimiento y la sangre! ¿Acaso no había matado a mi hermano?» (Shelley 2008, cap. VII). Pero las cosas no son tan simples y se equivoca sobre la naturaleza de su criatura.

LA CRIATURA

La criatura no tiene nombre. Víctor Frankenstein lo ha creado a partir de tejidos muertos a los que ha conseguido dar vida. Es más alto que un hombre y su apariencia física es repugnante:

> «Su piel amarillenta apenas cubría la obra de músculos y arterias que quedaba debajo; el cabello era negro, suelo y abundante; los dientes tenían la blancura de la perla; pero estos detalles no hacían sino contrastar espantosamente con unos ojos aguanosos que parecían casi del mismo color blancuzo que las cuencas que los alojaban, una piel apergaminada, y unos labios estirados y negros» (Shelley 2008, cap. V).

Cuando cobra vida, su creador tiene miedo y huye. La criatura se queda entonces solo, abandonado por todos. Como su aspecto aterra a las personas, tiene que permanecer escondido. Aunque comete crímenes su naturaleza no es mala. Aprende a hablar y a leer solo e intenta parecerse a los seres humanos. Ha nacido inocente, pero el odio y la soledad a los que se enfrenta hacen de él un criminal. De esta forma lanza un grito de desesperación cuando vuelve a toparse con su creador:

> «¿No he sufrido bastante, que aún tratas de aumentar mi desdicha? Estimo mi vida, aunque sólo sea un cúmulo de aflicciones, y la defenderé. Recuerda que me has hecho más poderoso que tú mismo; mi estatura es superior a la tuya, y mis articulaciones más flexibles. Pero no siento deseos de alzarme contra ti. Soy tu criatura, y seré incluso manso y dócil ante mi señor y rey natural, si tú también cumples tu parte, cosa que me debes. [...] Recuerda que soy tu criatura; debería ser tu Adán, pero soy más bien el ángel caído, a quien privaste de la alegría sin haber cometido mal alguno. En todas partes veo la felicidad, de la que sólo yo me encuentro irrevocablemente excluido. Yo era afectuoso y bueno, y la aflicción me ha convertido en demonio. Haz que sea feliz, y seré virtuoso otra vez» (Shelley 2008, cap. X).

Depende de su creador e intenta hacer el bien, pero el sufrimiento lo conduce por el camino del mal. «Debería ser tu Adán», dice a su maestro comparándole así con Dios y a sí mismo con el hombre, su criatura.

La criatura es una especie de héroe trágico, incluso patético, que termina suicidándose después de la muerte de su maestro.

ELIZABETH Y HENRY CLERVAL

Henry Clerval y Elizabeth son el contrapunto del personaje de Víctor. Son completamente positivos, sólo se destacan sus cualidades que son continuamente valoradas en el relato de Frankenstein. Henry es el amigo fiel. Será víctima de sucesos trágicos.

En cuanto a Elizabeth, es una niña adoptada por la familia Frankenstein. Víctor crece y se enamora de ella. Se casan unos años más tarde. No cesa de alabar su belleza: «Cuando mi padre regresó de Milán encontró, jugando conmigo en el vestíbulo de nuestra villa, a una criatura suya mirada parecía irradiar luminosidad, y cuya figura y movimientos eran más livianos que los de una gamuza de los montes» (Shelley 2008, cap. I).

Está relacionada con la luz, mientras que Víctor y la criatura son seres de la oscuridad. Representa la pureza, el amor y la compasión. Vive en armonía con el mundo y sigue las reglas, a diferencia de Frankenstein, que se cree un dios entre los hombres. Muere trágicamente por la locura de Víctor.

CLAVES DE LECTURA

UN RELATO EN LA TRADICIÓN DE LA NO-VELA GÓTICA

Frankenstein está construido siguiendo el principio de los relatos encadenados. Es una de las características de la novela gótica, género literario inglés de finales del siglo XVIII y de principios del siglo XIX que se parece a la novela negra y al género de horror porque pone en escena castillos medievales, intrigas complejas, secretos misteriosos, una naturaleza inquietante y sublime y elementos sobrenaturales (por ejemplo, *El castillo de Otranto* de Horace Walpole, 1764, o *El monje* de Matthew Lewis, 1796).

Encontramos algunos de estos motivos o temas góticos en la novela de Mary Shelley, en particular en la descripción de una naturaleza grandiosa y sublime, impresionante, majestuosa, pero peligrosa: los sucesos de la intriga se desarrollan en muchos lugares, la mayoría de los cuales presentan esta naturaleza salvaje, lo que queda particularmente reflejado en este pasaje:

> «La subida es empinada, y el sendero está cortado en continuas y breves revueltas que permiten vencer la perpendicular de la montaña. El panorama es terriblemente desolado. En todas partes pueden verse las huellas de los aludes del invierno: árboles derribados y esparcidos por el suelo, unos enteramente destrozados, otros tumbados, apoyados contra las rocas salientes o atravesados sobre otros árboles» (Shelley 2008, cap. X).

Hay que destacar que esta visión de la naturaleza es también un poco romántica.

La novela se compone de un conjunto de documentos, en particular las cartas de Walton, que cuentan su encuentro con Víctor Frankenstein. Este narra su propia historia, que Walton transcribe y añade a sus cartas. La narración recoge lo que les ocurre a los personajes de la historia y está escrita en primera persona del singular. Lo que cuenta la criatura a Frankenstein y luego a Walton completan la historia dando otro punto de vista. Pero el texto se basa principalmente en el propio análisis psicológico de Frankenstein, hundido en el tormento de la culpabilidad.

El procedimiento que utiliza la autora da también un toque de realidad a un relato que está próximo a lo fantástico y que Brian Aldiss (crítico, novelista y escritor de novelas cortas británico nacido en 1925) ha designado como la primera novela de ciencia ficción. Además, la creación de Frankenstein se basa en la ciencia y no recurre a lo sobrenatural que podemos encontrar en el género fantástico. El conjunto de la novela es la exploración de una hipótesis y de sus consecuencias: ¿qué pasaría si el hombre fuera capaz de crear un ser artificial? Vemos que la literatura de ciencia ficción mantiene este tema, sobre todo a través de la figura del robot.

EL MONSTRUO

La cuestión que se plantea al leer la novela es la siguiente: ¿quién es el monstruo? Aunque Víctor Frankenstein sea el narrador de la historia, la criatura resulta ser una víctima. Su creador la ha abandonado. Además, la criatura, que no tiene nombre, plantea una oposición entre la apariencia y la realidad: a pesar de ser repugnante físicamente, su personalidad no es intrínsicamente mala. Lo que le conduce a cometer crímenes son el miedo y el odio que inspira. Tal y como lo escribe Francis Lacassin (periodista y escritor francés, 1931-2008): «el monstruo suscita menos miedo que repulsión, provocada no por su fealdad, sino por las condiciones de su creación y [...] por la lógica del Mal de la que la fatalidad le impide salir»[1].

Lo que hace que la criatura sea por naturaleza problemática es que exite precisamente contra natura. No debería vivir porque es el producto de la sed de poder de Frankenstein. Y, por tanto, Frankenstein es el que podría parecer un monstruo: deja que ejecuten a Justine, pone en peligro la vida de sus familiares y amigos, no llega a sentir compasión por su propia criatura. De hecho, la criatura es el verdadero héroe de la novela.

La novela es una reflexión sobre el hombre y sobre el origen del mal: las reflexiones de la criatura giran en torno a este sentido. Ella descubre que el mal es posible e incluso termina haciéndolo. Dice:

> «¿Era el hombre, efectivamente, tan poderoso, tan virtuoso y magnífico, y no obstante tan depravado y tan bajo? Unas veces parecía un mero vástago del principio del mal; otras, lo más noble y divino que cabe imaginar. [...] Durante mucho tiempo, fui incapaz de concebir cómo un hombre podría

---

1. Traducción de ResumenExpress.com

llegar a matar a un semejante, ni por qué había leyes y gobiernos; pero al enterarme con detalle de las matanzas y los vicios, cesó mi asombro y rechacé todo aquello con repugnancia y aversión» (Shelley 2008, cap. XII).

UN MITO MODERNO

El subtítulo de la novela, *El moderno Prometeo*, invita a una relectura del antiguo mito. Prometeo es un titán. En la *Teogonía* de Hesíodo (poeta griego, mitad del siglo VIII a. C.), él crea a los hombres y roba el fuego para dárselo a estos, pero los dioses castigan este acto orgulloso, que intenta que los hombres sobrepasen el estatus de los mortales. Prometeo es encadenado a una roca y un águila le devora el hígado todos los días, de esta forma soporta un sufrimiento eterno. Del mismo modo, Víctor Frankenstein quiere igualarse a los dioses controlando la naturaleza y creando él mismo la vida. Al hacerlo, comete un crimen por orgullo y su destino trágico lo castiga duramente. Pierde a todos los seres que ama y termina muriendo.

Su relato es en consecuencia una especie de fábula moral; la historia ilustra un precepto, la ciencia como hibris (vocablo que proviene del antiguo griego y significa «orgullo»): la ciencia es extremadamente poderosa y el hombre tiene capacidades limitadas, puede llegar a crear vida, pero que pueda hacerlo no significa que deba hacerlo. El relato de Víctor altera a Walton – por eso le dice que quiere revelarle su secreto porque, como la caja de Pandora, el conocimiento es peligroso– y el narrador alerta al lector: «Aprenda de mí – si no de mis preceptos, al menos de mi ejemplo– lo peligrosa que es la adquisición del saber, y cuánto más feliz vive quien cree que su pueblo natal es el mundo, que aquel que aspira a ser más grande de lo que su naturaleza puede permitir» (Shelley 2008, cap. IV).

PISTAS PARA LA REFLEXIÓN

ALGUNAS PREGUNTAS PARA PROFUNDIZAR EN SU REFLEXIÓN...

- ¿Qué visión de la ciencia presenta la novela? ¿Es positiva o negativa? Justifique su respuesta.
- Analice la estructura del relato. ¿Cómo está organizada? ¿Quiénes son los narradores? ¿Cuál es el efecto de esta diversidad narrativa?
- ¿Por qué se parece la novela a una novela gótica?
- Compare la criatura de la novela con la criatura de las adaptaciones cinematográficas de la obra. ¿Cuáles son las diferencias?
- ¿En qué aspecto los personajes de Elizabeth y Víctor mantienen una relación con el mundo totalmente opuesta?
- ¿Le parece que la novela sea pesimista? ¿Por qué?
- ¿Cómo se describe la naturaleza en la novela? ¿Cuál es el efecto de la representación de la naturaleza? Según usted, ¿por qué Mary Shelley decide presentarla de esta forma?
- Explique el subtítulo de la novela: *El moderno Prometeo*.
- ¿Son actuales los temas que desarrolla la novela? Justifíquelo.
- ¿Por qué podemos decir que la naturaleza es el verdadero héroe de la novela?

¡Su opinión nos interesa!
¡Deje un comentario en la página web de su librería en línea,
y comparta sus favoritos en las redes sociales!

PARA IR MÁS ALLÁ

EDICIÓN DE REFERENCIA

- Shelley, Mary. 2008. *Frankenstein o el moderno Prometeo.* Traducido por Francisco Torres Oliver. Madrid: Austral Narrativa.

ADAPTACIONES

- *Frankenstein.* Dirigida por James Whale, con Colin Clave, Mae Clarke y Boris Karloff. Estados Unidos: Universal Studios, 1931.
- *Frankenstein.* Dirigida por Kenneth Branagh, con Robert de Niro, Kenneth Branagh y Helena Bonham Carter. Reino Unido, Japón y Estados Unidos: American Zoetrope, 1994.

ResumenExpress.com

Muchas más guías para descubrir tu pasión por la literatura

Cien años de soledad
de Gabriel García Márquez

El código Da Vinci
de Dan Brown

El extranjero
de Albert Camus

El viejo y el mar
de Ernest Hemingway

Los pilares de la Tierra
de Ken Follett

Macbeth
de William Shakespeare

www.resumenexpress.com